食料を担ぎ、登ってきた
という充実感があるから、
山で食べるごはんは
本当においしい。
日常生活にはない不便さがあるから
山で作るごはんは
面白い。
大自然のなかで楽しむ
豊かなひととき。

ワンダーフォーゲル編集部　山ごはん研究会

山と溪谷社

フライパンで山ごはん

Frying pan Recipes for Mountaineering

はじめに

山での生活をより豊かなものにしてくれる山ごはん。
そんな山ごはんを支える調理道具のなかに
フライパンがあります。
登山用のコンパクトなフライパンは、かなりの万能選手です。
焼き物・炒め物から、主食となる炊き米、麺類、鍋まで、
これひとつでほとんどの料理が作れますし、
火の通りも早いので効率よく調理ができます。
使いこなせると、どんどんアイデアが生まれて、
山に行く楽しみが増えます。
登山用の調理道具といえば「まずは鍋（コッヘル）からそろえる」
という印象ですが、汎用性の高いフライパンは
最初の調理道具としてもおすすめなのです。
本書では、山でフライパンを愛用する方々の意見を参考に、
フライパンひとつで作る山ごはんを考えました。
「これなら作れるかも」というような、食材が少なく、
作る行程も簡単で現実的なもの、また、疲れたときに食べやすく、
そして何よりも山で作っていてワクワクする、
おいしいものにこだわりました。
これから登山を始めようと思っている方や、
山ごはんのバリエーションを増やしたいと思っている方の
参考になれば、うれしいかぎりです。

ワンダーフォーゲル編集部　山ごはん研究会

本書の使い方

● **計量の目安**
小さじ1＝5㎖（cc）
大さじ1＝15㎖（cc）
1合＝180㎖（cc）

レシピの分量は目安。山では計量できないこともあるので、そのあたりは臨機応変に！

● **調理時間の表記** 山での調理時間の目安。

● **アイコンの表記**
各レシピに、どんな山行・食事形態におすすめかをアイコンで表記している。その山行でないといけないということではないので、食事計画の参考程度にとどめてほしい。

季節

オールシーズン
季節問わず
一年中おすすめ

夏山
春〜秋の無雪期登山におすすめ

冬山
秋〜冬、雪山の登山におすすめ

朝食・夕食

朝食
体にやさしく、
手早く作れるので
朝食向き

夕食
ボリュームがあるので、
落ち着いて食べられる
夕食向き

なお昼食については、どのレシピもおすすめなので表記していない。また、昼食は山では行動食で済ませることが多い。

泊数（日持ちする食材か）

1〜2日目
日帰り登山や1〜2日目に
食べてほしいもの

3日目〜
日持ちする食材が多いので
3日目以降でもよい

フライパンで山ごはん

Contents
1

はじめに／本書の使い方 4

Part 1 ...... 道具について 10
フライパンの選び方 12

Part 2 ...... 調理のポイント 16
焼く・炒める 18
米を炊く 19
麺をゆでる・山で使える麺いろいろ 20
鍋物を作る 22
蒸す・温める 23

Part 3 ...... フライパンレシピ集 24

簡単おつまみ
- ホタテ缶・カキ缶の卵とじ 26
- 紅茶で作るベビーチーズ、ソーセージの燻製 28
- パクチーフライドポテト 29
- キャベツのアンチョビ炒め 30
- ベーコンプルーン巻き 31
- 平べったい春巻き 32
- しょうが味噌の栃尾揚げ 33

ごはん
- ベーコントマト炊き込みごはん 34
- ホタテの炊き込みごはん 36
- イワシとしょうがの炊き込みごはん 37
- ぽんかす丼 38
- アボカドなめたけ丼 39
- サケと卵のチャーハン 40
- 焼き鳥缶のチキンライス 41
- ジャスミンティーで炊くカオマンガイ 42
- たけのこごはん 43

おかず
- コンビーフとコーンの卵炒め 44
- 仙台麩で作る回鍋肉 46
- マーボーナス 47
- グリーンカレー炒め 48
- マヨネーズ炒め 50
- 牛肉のレモンあえ 51
- 鶏肉のビネガー炒め 52
- 豚肉の塩麹漬け 54
- タンドリーチキン 55

簡単おつまみ

ごはん

おかず

麺・パスタ

パン・粉もの

シチュー・カレー

鍋

7

フライパンで
山ごはん
—
Contents
2

麺・パスタ

鶏レモン塩ラーメン	60
mt.ナポリタン	62
塩豚ダブルねぎ焼きそば	64
あんかけ焼きそば	65
ブルーチーズのパスタ	66
シンプルグラタン	67
磯っこパスタ	68
ツナと菜っ葉スタ	69
ぴっぱりうどん	70
とろとろ卵うどん	71
肉味噌なすうどん	72
鶏だしにゅうめん	73
和風パッタイ	74
グリーンカレーのフォー	75
ヤムウンセン	76

パン・粉もの

オニオングラタンスープ	80
りんごのパンケーキ	82
お好み焼き	84
山のわらじピザ	86
バニラアイスのフレンチトースト	87
おんたマフィン	88
ナンミックスで作るおやき	89

シチュー・カレー

ラタトゥイユ	92
ベーコンと野菜チップのカレー	94
しょうがと豆類のドライカレー	96
そっこうドライカレー	97
チリコンカン	98
ココナッツシチュー	99
山林ライス	100
サケの白シチュー	101

鍋

鶏肉のレモンコンソメ鍋	102
白菜と豚肉のクミン鍋	104
味噌漬け豚と仙台麩の豆乳鍋	106
湯豆腐 特製梅肉だれ	108
韓国ちから鍋	109
ツナ缶で作るトマトマグロ鍋	110
モツ鍋	112

フライパン料理の合間に

火がいらないビニール袋おつまみ	56
ごはんのお供にシェラカップスープ	90

3泊4日 フライパン縦走のススメ	114
使える食材カタログ	120
持ち運びと片付けのひと工夫	122
レシピ・アイデア提供者一覧	126
問合せ先	128

簡単おつまみ

ごはん

おかず

麺・パスタ

パン・粉もの

シチュー・カレー

鍋

Frying pan Recipes for Mountaineering

Part

1

ストーブ

カトラリー

ファスナー付き保存袋

食器・カップ

パート1

道具について

「フライパンひとつで調理する」なら、調理道具は山用フライパンと、火器となるストーブ、食器やお茶用の小さなカップ、カトラリー、食材の保存や漬け込みなどに重宝するファスナー付き密封袋があればOK。本書のレシピ集もこれらだけで作れるようになっているのでご安心を。山用フライパンは、さまざまな種類が出てきているから、登山用品店などで実際に手に取ってみて、自分の山行スタイルに合うものを選ぼう。この章では、フライパンとストーブを深掘りしてご紹介。お気に入りが見つかりますように。

フライパンの選び方

ずらりと並んだ、登山用のフライパンたち。
それぞれの特徴とは？
山ごはんのパートナーを
選ぶ際のポイントをご紹介。

―― エバニュー ――
チタンフライパン
18セラミック

- 形状／斜め　●素材／チタン
- 表面加工／セラミック樹脂
- サイズ／径18.5cm×深さ4cm
- 重量／138g

―― MSR ――
QUICKスキレット

- 形状／直角　●素材／アルミ
- 表面加工／ノンスティック
- サイズ／径18.2cm×深さ4.8cm
- 重量／174g

―― エバニュー ――
アルミフライパン
ラウンド#18

- 形状／丸め　●素材／アルミ
- 表面加工／フッ素樹脂
- サイズ／径18cm×深さ6cm
- 重量／275g

身軽さ
バツグン

取っ手の
着脱が自在！

炒める、
煮るが
得意です

深型も
ご用意してます

フライパンの選び方

サイズ

登山用のフライパンは、直径18cm前後が一般的。16cm以下は小さめで、単独行時やサブとして簡単な調理をするのに向く。18cm程度は使い勝手と携行性のバランスがよく、1〜2人が目安。20cm以上だと、食材の大きさや量を気にせず調理できる。2人以上のパーティで鍋をするならこちら。

● エバニュー／チタンフライパン16・18・20 セラミック

16cm
単独行やちょっと使いに

18cm
1〜2人程度。調理・携行のバランスよし

20cm
パーティ登山や鍋物に

形状

汎用性が高いのは側面と底が直角のもので、焼き物も煮物も難なくできる。斜めだと、焼き物を裏返すのがラク。丸めは、炒め物や煮込み料理を作りやすい。深さは5cm程度あれば鍋物も可。深め（写真は深さ6.5cm）なら、鍋の感覚で使える。取っ手は収納時に2本が側面に沿うもの、1本を折りたたむもの、取り外せるものがある。

直角
スタンダードで万能選手

斜め
焼き物がスムーズに

丸め
鍋振り可！炒め物に◎

深め
煮込み、鍋物はおまかせ

素材

アルミは熱伝導率がよく、熱が回りやすいので料理上手。チタンは軽さが魅力。ただし熱伝導率が悪く、局所的に熱くなるので焦げ付きやすい。ステンレスや鉄製もあるが、山で使うにはやや重い。

アルミ
熱が全体に伝わりやすく、調理しやすい。比較的安価。へこみやキズができやすいが、陽極酸化皮膜などで覆って強化したものが多い。

チタン
軽くて強度が高く、味移りしないのが特徴。焦げ付きやすいのが難点だが、表面加工でカバーしているものも。

ストーブの選び方

登山用では、丸いガスカートリッジ（OD缶）を使うタイプが主流。カートリッジへの接続により、直結型と分離型に分けられる。そのほか、入手しやすいカセットボンベ（CB缶）を使うタイプもある。

直結型
カートリッジにストーブが直結。軽くコンパクトで、簡単な調理向き。1〜2人ならこちら。●プリムス／153ウルトラバーナー

分離型
カートリッジとストーブが独立。やや重いが、大きなフライパンでも安定する。●プリムス／エクスプレス・スパイダーストーブⅡ

カセットボンベ
燃料が安価で調達しやすい。寒いと火力が下がるのが難点だが、時期や山を選べば使える。●SOTO／レギュレーターストーブST-310

焦げ、くっつき、ズレを防ぐ表面加工

山で使える水の量は限りがある。焦げ付きやくっつきを防ぐ（ノンスティック）加工が施されていると調理しやすく、手入れも簡単。外ではフライパンが滑ったり、取っ手をひっかけて、ひっくり返してしまうことも。裏面に滑り止めがついたものだと、安定して使える。

フッ素樹脂
家庭用でもおなじみ。焦げ付きにくく、手入れが簡単。空焚き、強火で使うと加工がはがれるのでNG。

セラミック
焦げ付きやくっつきを防ぐ加工のひとつ。耐熱性、耐久性に優れ、少ない油で調理ができるのも魅力。

エンボス
底につけた溝などの凹凸により、素材が焦げ付くのを防ぐしくみになっている。肉などを焼くのに向く。

裏面の加工
調理時にフライパンが安定するよう、ゴトクとの接面に滑り止めがついたもの。これは溝を刻んである。

蒸し・焼き・煮込みの強い味方、ふた

熱を逃がさず、効率よく調理するのに便利なのが、ふた。しかし登山用のフライパンでふたがセットになったものはなく、別売りの商品がある程度。アルミホイルやクッキングシートで代用するか、100円ショップなどで入手しよう。●ユニフレーム／山リッドSUS

Frying pan Recipes for Mountaineering

Part

2

パート 2

調理のポイント

テント場に着いたころには「お腹ペコペコ、すぐにで
もごはんを食べたい」ということが多いのでは？　山
の料理はすぐに作れるものが基本で、何時間も煮
込むようなものは基本的には作らない。早く食べた
いというだけでなく、燃料をあまり使わないようにす
ることも大事だから。フライパンでの調理は、表面積
が広いぶん火の通りも早いので、うってつけ。炒めた
り焼いたりだけでなく、米を炊いたり麺をゆでたり、
鍋料理や蒸し物などさまざまな調理に向いている。
この章では、それぞれの調理のポイントをご紹介。

焼く・炒める

フライパンに汚れや焦げがついてしまうと洗うのが面倒。そんなときはアルミホイルを利用するといい。フライパン全体に敷き詰めたり、食材を包んで焼いたりなど、ひと工夫を（その際に、必ずフライパンに水か油を引き空焚き状態にしないこと）。野菜を敷いた上に肉や魚をのせると、汚れにくいうえ、肉や魚の旨みが野菜に染み渡るというメリットも。炒める場合は、家と同じように油を入れて炒めればよし。油をあまり使いたくないときは「ウォーターソテー」を。

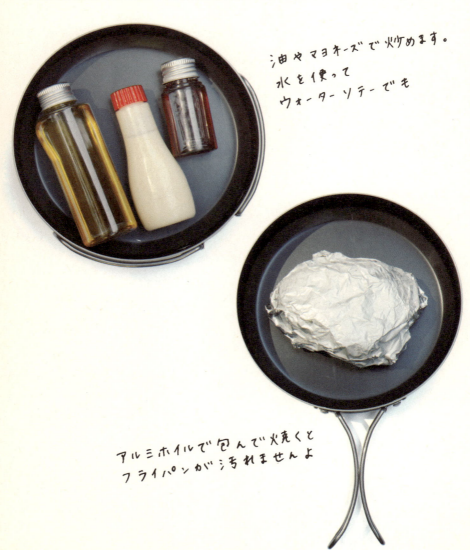

油やマヨネーズで炒めます。水を使ってウォーターソテーでも

アルミホイルで包んで焼くとフライパンが汚れませんよ

米を炊く

表面積が広いので、8分ほどと早く炊けるフライパンごはん。米をフライパンに入れ、米の1.1〜1.5倍の水やスープに浸す（米1合は約180㎖。1合に対して水分は200㎖）。30分ほど浸水しておけば、さらに安心。ふたをして強火にかけ沸騰したら、弱火で5分。最後にまた強火にして水分を飛ばしたら火を止めて、蒸らすこと少々。コッヘルよりも早く、パエリアやカオマンガイといった変わり種もできる。芯がまだ残っていたら？　水分を加えてリゾットに！

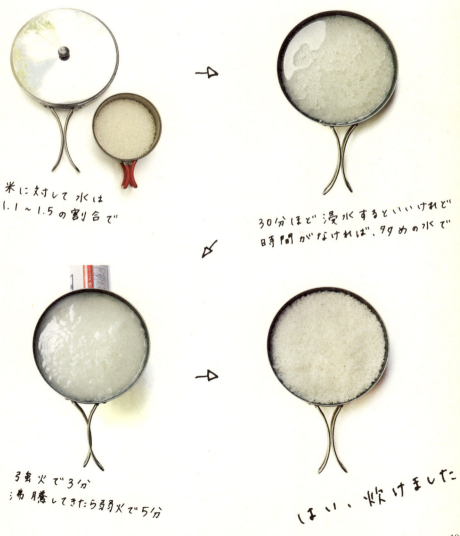

米に対して水は
1.1〜1.5の割合で

30分ほど浸水するといいけれど
時間がなければ、多めの水で

強火で3分
沸騰してきたら弱火で5分

はい、炊けました

麺をゆでる

今や山ごはんの定番となった水戻し麺。パスタなど乾麺をファスナー付き密封袋に入れ、しっかり水に浸かるようにして1～2時間戻してから、中身をそのままフライパンに移してゆでる。ゆで時間とガスの使用量がぐっと短くなるだけでなく、モチモチの歯ごたえに。パスタは半分に折っておくと戻りが早く、料理もしやすい。さらに、ソースを煮汁がわりにしてパスタを煮込むと、ゆでるための水がいらず、味もしっかり染み込んでおいしい！

パスタは1時間ほど水に浸しておくと時短でもちもちの食感に

パスタソースと一緒にゆでるとさらに時短で味もなじむ

山で使える麺いろいろ

パスタ

ゆでる時間を節約する定番裏ワザがこちら、「水に浸しておく」。半分に折っておくと、フライパンに入れやすい。

早ゆでパスタ

ゆで時間が1～3分と短いため、山で愛されている。麺が細く、アルデンテが楽しみにくいのがたまにキズ。

ペンネ

時間がたっても、のびにくいのが魅力。夕食にペンネを少し残して翌朝食にペンネ入りスープというアレンジも。

ラーメン

みんな大好きなラーメン。軽く、日持ちのするインスタント麺は、ゆで汁をそのままスープにできるので山向き。

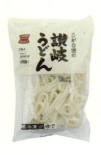

うどん

コシの強い冷凍麺や軽いインスタント麺を。山ではゆで汁を捨てられないので、乾麺は粉がまぶされていないものを。

そうめん

ゆで時間が短いのがうれしい。ゆで汁に塩味がつくのでスープとして利用するか、減塩タイプを選ぼう。

焼きそば

粉末＆液状ソース入りの便利な焼きそば。生麺よりも乾麺・即席麺が、腐敗、重量の面からもおすすめ。

中華麺

賞味期限3～4日の蒸し麺は、初日など早めに食べてしまったほうが安心。少しの湯でほぐしてから調理を。

鍋物を作る

調理は簡単、栄養満点、残った汁を翌朝のスープや雑炊に再活用できる、と山ごはんの定番メニューの鍋物。ただフライパンで作るとなると、容量的にあまり水分の多いものはあふれてしまう。ポイントは2つ。白菜、キャベツなど野菜自身から水分が出るものを使い、加える水を減らして蒸し煮にする。肉類などは、先に少しの油で焼いてから別の皿に移しておく。最後の数分、ほかの具材と一緒に煮込めば、きちんと火が通って安心。

大きい肉は先に焼いてさっと火を通しておくとおいしい＆安心

先に野菜をぎゅうぎゅうに詰めてから水を注いで火をつけると料理しやすい

蒸す・温める

野菜を蒸したい、シューマイを蒸したい、炊いて持って上がったごはんを温めたい。そんな「蒸したい！」に応えてくれるのが次の2つ。①フライパンよりひと回り小さい皿、コッヘル。それらに蒸したいものをのせ、水を張ったフライパンの中に入れる。②網。写真のように野菜やシューマイなど形が崩れにくいものは網でもOK。蒸気を逃さないよう、しっかりふたをすることをお忘れなく。

アミを利用しても

ふたをして蒸気を逃さないように

Frying pan Recipes for Mountaineering

Part

3

パート 3

フライパンレシピ集

クイックおつまみ、炊きあがりのワクワク感があるご
はん、ボリューム満点のおかず、バリエーション豊富
な麺類、創意工夫が楽しい粉もの、速攻で作れる
カレー、水が少なくてもOKの鍋など、フライパンレ
シピを一挙ご紹介。スーパーなどで手に入りやす
い食材をセレクトし、生鮮食品をふんだんに使っ
た豪華飯から、日持ちのする食材で作る切り詰め
ごはんまで、さまざまな山行形態に対応したライン
ナップ（アイコン表示の凡例はP5を参照）。細かい
味付けの手間がなく、料理初心者でも絶対に失敗
しないので、お試しあれ。

簡単おつまみ

冬でなくとも、温かいつまみはホッとするおいしさ。できるだけ燃料を使わずに火を通すには、ふたやアルミホイルなどでカバーをして熱を逃がさないようにしたり、火の通りやすい食材を使おう。

ホタテ缶・カキ缶の卵とじ

- 材料（2人分）
好みの缶詰（ホタテ、カキなど）…… 1〜2缶
卵 …… 1個

オールシーズン　夕食　3日目〜

作り方（調理時間2分）

1　缶詰のふたを開けて、
　　水か油を引いたフライパンの上にのせ、
　　そのまま温める。
2　グツグツしてきたら溶き卵をそっと注ぎ、
　　好みの固まり具合のときに食べる。

アドバイス　百花繚乱状態のプレミアムなおつまみ缶詰。缶がゴミになるのがネックだが、缶がそのまま鍋となり器となる、といったメリットも。温め直してしょうゆや七味を少しかける、チーズをのせるなどアレンジを。

缶詰を温めるだけで、逸品に

簡単おつまみ

紅茶のティーバッグで作る、簡単スモーク

紅茶で作るベビーチーズ、ソーセージの燻製

オールシーズン　夕食　1〜2日目

● 材料（2人分）
ベビーチーズ …… 1パック
ソーセージ …… 1パック
紅茶のティーバッグ …… 3個
砂糖 …… 大さじ1〜2

作り方（調理時間15分）

1　フライパンに底から1cmくらいの高さまで水を入れ、火にかける。

2　沸騰したらアルミホイルを敷き、ティーバッグの中身と砂糖をのせる。

3　網の上にベビーチーズ、ソーセージをのせ、ふたをし（なければアルミホイルで覆う）、10分ほどいぶす。

4　チーズの表面にほんのり焦げ色がついたら食べごろ。

アドバイス　紅茶はダージリン、アールグレイなど香りのいいものを。砂糖を加えることで炭化して、スモークしやすくなる。スモーク後、カチカチに固まってしまうので、アルミホイルを敷くのをお忘れなく！

冷凍フライドポテトは、使える山のおつまみ

パクチーフライドポテト

オールシーズン　夕食　1〜2日目

作り方（調理時間5分）

1 フライパンに油を引き、
　冷凍フライドポテトを焼くように揚げる。
2 乾燥パクチーをたっぷりふる。

● 材料（2人分）
冷凍フライドポテト（塩味付き）
…… 1袋
油 …… 大さじ3
乾燥パクチー …… 1袋

アドバイス　冷凍フライドポテトは一度揚げてあるので、自然解凍した状態でも実は食べられる（食感はよくないけど）。少ない油で炒めるように火を通せば、油の処理も楽に。乾燥パクチー以外に、ローズマリーもおすすめ。

ビールにも白ワインにも合う、最強つまみ

キャベツのアンチョビ炒め

オールシーズン　夕食　1〜2日目

作り方（調理時間5分）

1　キャベツを食べやすい大きさに切る。
2　フライパンにアンチョビとキャベツを入れ、中火で炒める。
　　好みでバゲットを添えてもよし。

● 材料（2人分）
キャベツ …… 1/2個
アンチョビ（チューブでも缶詰でも）
…… 適量
好みでバゲット …… 適量

アドバイス　アンチョビの油分で油いらずのキャベツ炒め。にんにくを加えるとさらにおいしくなる。アンチョビは、缶詰でもいいがチューブのペーストタイプが便利。水分を多めに加えると、パスタソースにも。

甘じょっぱい、意外な組み合わせがクセに

簡単おつまみ

ベーコンプルーン巻き

オールシーズン

夕食

1〜2日目

作り方（調理時間2分）

1 プルーンをベーコンで巻き、弱火で軽く焼く。

● 材料（2人分）
ベーコン …… 適量
種なしプルーン …… 適量

アドバイス

フランスでは定番の惣菜というベーコンのプルーン巻き。プルーンのねっとりした甘さとベーコンのしょっぱさが、ワインに合う。マンゴーやいちじくなど、プルーン以外のドライフルーツでもおいしい。

平たく包んで、焼き春巻きに

平べったい春巻き

オールシーズン　夕食　1〜2日目

作り方（調理時間5分）

1 春巻きの皮に好みの具材を包み、火が通りやすいように平たくしておく。
2 少量の油で焼くように揚げる。

● 材料（2人分）
春巻きの皮 …… 適量
しらす、大葉、チーズなど
好みの具材 …… 適量
油 …… 大さじ3

アドバイス　春巻きの皮は製品になるときに火が通っているので、実は生で食べられるという、山で使える「隠れた」食材。火が通りやすいように、平たく具材を包んで少ない油で揚げ焼きにするのがポイント。

ビールに合う味噌をはさんだ油揚げ

簡単おつまみ

しょうが味噌の栃尾揚げ

 オールシーズン　 夕食　 1〜2日目

● 材料（2人分）
栃尾揚げ …… 1枚
しょうが …… 適量
長ねぎ …… 適量
味噌 …… 大さじ3
好みでしょうゆ …… 適量

作り方（調理時間5分）

1　[家で]栃尾揚げの
　　横半分に切れ目を入れ、
　　みじん切りのしょうが、小口切りにした
　　長ねぎ、味噌をよく混ぜてはさむ。
　　ラップで包み、冷凍する。

2　[山で]栃尾揚げを焼く。
　　好みでしょうゆを少したらす。

アドバイス　栃尾揚げは足の早い食材。必ず冷凍して持っていこう。中に挟む具材は、味噌など塩分の強いものにすると、より安心。しょうが、ねぎのほか、干し野菜、干ししいたけを練り込んでも美味。

ごはん

フライパンでの炊飯はとても簡単。白米だけでなく、好みの具材、調味料を加えて炊き込みごはんにすれば、もうその一品だけで最高の夕食に。残ったら、塩を強めにふって、おにぎりに。

ベーコントマト炊き込みごはん

●材料（2人分）
米 …… 1合
水 …… 200〜230㎖
ベーコンのおつまみ缶詰 …… 1缶
ミニトマト …… 5個
こしょう …… 適量
好みでルッコラやイタリアンパセリなどのハーブ …… 適量

夏山　夕食　3日目〜

作り方（調理時間20分）

1　フライパンに米を入れ、水を張る。
2　缶詰のベーコン、ミニトマトをのせてふたをし、強火で3分、弱火で5〜10分ほど炊く。
3　米に火が入ったら、こしょう、好みのハーブをのせていただく。

アドバイス　おつまみ用のベーコンの缶詰は、それだけで具材と調味料を兼ねており、炊き込みごはんに最適。ミニトマトからもうまみが出ているので、水分を多めにしてリゾットでもいける！

ごろごろ厚切りベーコンがうまい！

ホタテ、しょうゆ、のり。ほっとする味

ホタテの炊き込みごはん

 夏山　 夕食　 3日目〜

● 材料（2人分）
米 …… 1合
水 …… 200㎖
ホタテのおつまみ缶詰 …… 1缶
しょうゆ …… 適量
のり …… 適量

作り方（調理時間20分）

1 フライパンに米を入れ、水を張る。
2 缶詰のホタテをのせて
　しょうゆをひと回しし、
　ふたをして強火で3分、
　弱火で5〜10分ほど炊く。
3 米に火が入ったら、のりをふっていただく。

アドバイス　ホタテのおつまみ缶を利用した和風の炊き込みごはん。ホタテは、ほぐれているものより、ごろっと丸ごと入っているタイプのほうが見た目も食感もいい。

薬味たっぷりで、箸が進む

イワシとしょうがの炊き込みごはん

夏山　夕食　3日目〜

●材料（2人分）
米 …… 1合
水 …… 200〜230㎖
イワシの缶詰 …… 1缶
しょうゆ …… 適量
しょうが …… 適量

作り方（調理時間20分）

1　フライパンに米を入れ、水を張る。
2　缶詰のイワシ、千切りのしょうがをのせて
　　しょうゆをひと回しし、
　　ふたをして強火で3分、
　　弱火で5〜10分ほど炊く。
3　米に火が入ったら、混ぜていただく。

アドバイス　栄養豊富なイワシ。オレイン酸豊富なオリーブオイル漬けの缶詰もあるので、それを使えばさらに栄養がアップ。油が多いので、しょうがをこれでもか！というほどたっぷり加えたほうがおいしい。

天かすで、山の"なんちゃって"天丼に

ぽんかす丼

夏山　夕食　3日目〜

作り方（調理時間1分）

1　ごはんに桜エビ、天かす、万能ねぎをのせポン酢しょうゆをかけて食べる。

● 材料（2人分）
ごはん …… 好きなだけ
天かす …… たっぷりと
桜エビ …… 好みで
万能ねぎ …… 好みで
ポン酢しょうゆ …… 好みで

アドバイス　味、食感、カロリーと、まるで天丼を食べているかのような、縦走にもぴったりのレシピ。天かすはたっぷり贅沢にのせて。桜エビはあまり大きいと喉にひっかかるので、小さめのものに。

ぬるぬる食材で、バテ気味でも食べられます

アボカドなめたけ丼

夏山　夕食　1〜2日目

● 材料（2人分）
ごはん …… 好きなだけ
アボカド …… 1個
なめたけ（瓶詰め）…… 1瓶
わさびじょうゆ …… 適量
ゆずこしょう …… 適量

作り方（調理時間1分）

1　アボカドの皮をむき、
　　食べやすい大きさに切る。
2　ごはんにアボカドとなめたけをのせ、
　　わさびじょうゆを回しかけ、
　　ゆずこしょうをつけて食べる。

アドバイス　アボカド、なめたけ、わさびじょうゆの組み合わせは、濃厚な味なのにぬるぬるの食感なので、どんなに疲れていても喉を通る。ごはんにのせず、そのままおつまみにしても。

ごはんにパスタに使える、鮭フレーク

サケと卵のチャーハン

夏山　夕食　3日目〜

● 材料（2人分）
ごはん …… 好きなだけ
サケフレーク …… 適量
卵 …… 1個
しょうゆ …… 適量
油 …… 適量

作り方（調理時間5分）

1 フライパンを熱し、
油をなじませたごはんとサケフレークを入れて
パラリとなるまで炒める。

2 ごはんをフライパンの片側に寄せ、
空いたスペースに卵を割り入れて
スクランブルエッグにする。

3 ごはんと卵をざっくり混ぜて、
しょうゆで味を整える。

アドバイス　チャーハンをぱらぱらに仕上げるには、先にごはんと油をなじませて、ごはん粒に油の膜を作っておくといいとか。そのあとで卵と混ぜると、ごはんはぱらっと、卵はふわふわに。

焼き鳥缶で本格チキンライスに

焼き鳥缶のチキンライス

夏山　　夕食　　3日目〜

作り方（調理時間5分）

1. フライパンを熱し、ごはん、刻んだ長ねぎ、缶詰の焼き鳥を入れて炒める。
2. 味をみてケチャップを足し、さらに炒める。パラリとなったらできあがり。

● 材料（2人分）
ごはん …… 好きなだけ
焼き鳥の缶詰（たれ味）…… 1缶
長ねぎ …… 適量
ケチャップ …… 適量

アドバイス　アルファ米のチキンライスより格段においしい、と評判のレシピ。焼き鳥缶は塩味ではなく、たれ味がポイント。アルファ米のなかに混ぜ込んでも、おいしくできる。

ジャスミン香る、南国の味

ジャスミンティーで炊くカオマンガイ

夏山　夕食　1〜2日目

作り方（調理時間20分）

1 フライパンで湯を沸かし、
ジャスミンティーを作る。

2 フライパンに米を入れ、
食べやすい大きさに切った鶏もも肉を並べる。

3 軽く塩をふり、ふたをして強火で3分、
弱火で5〜10分ほど炊く。

4 米と肉に火が入ったら、
甜麺醤をかけパクチーをのせていただく。

● 材料（2人分）
米 …… 2合
湯 …… 500ml
ジャスミンティーのティーバッグ
　…… 4個
鶏もも肉 …… 100gほど
塩 …… 適量
甜麺醤 …… 適量
パクチー …… 適量

アドバイス　本来なら鶏のだしで炊き上げるカオマンガイ。ジャスミンティーにすると、よりさっぱり味に。鶏もも肉はカットして冷凍していくと安心。甜麺醤とフレッシュパクチーは欠かせない！

たけのことグリーンピース。春山で食べたい味

たけのこごはん

夏山　　夕食　　3日目〜

● 材料（2人分）
米 …… 1合
水 …… 200〜230㎖
たけのこ（水煮）…… 1パック
グリーンピース …… 適量
しょうゆ …… 適量

作り方（調理時間20分）

1　フライパンに米を入れ、水を張る。
2　スライスしたたけのこ、
　　グリーンピースをのせ、
　　しょうゆをひと回しし、
　　ふたをして強火で3分、
　　弱火で5〜10分ほど炊く。
3　米に火が入ったら、
　　混ぜていただく。

アドバイス　たけのこの水煮は、ごはん、炒め物、パスタと便利に使える食材。すでに火が通っているので大きめに切って食感を楽しもう。グリーンピースからも甘いだしが出るので、たっぷり入れるとさらにおいしくなる。

おかず	フライパンが得意とする「焼く」「炒める」。火が通りやすい食材を選んで、ガスの無駄遣いを減らそう。また、レトルト食品に具材を足してボリュームアップするのもいい。

コンビーフとコーンの卵炒め

● 材料（2人分）
コンビーフ（プラスチックカップ）…… 1個
コーン（パック）…… 1袋
卵 …… 2個

夏山　朝食　1～2日目

作り方（調理時間3分）

1　フライパンにコンビーフとコーンを入れ、サッと炒める。
2　コンビーフ炒めをフライパンの片側に寄せ、卵を割り入れる。
3　卵が好きな焼き加減になるまで待つ。混ぜてもよし。

アドバイス　コンビーフと卵の組み合わせは、パンだけでなくごはんと合わせても絶品。コーンを加えると、シャキッとした食感のアクセントに。コンビーフは、缶ではなくプラスチックカップ入りやパウチが軽くて便利。

半熟目玉焼きとコンビーフ。間違いない味！

おかず

味、食感ともに、仙台麩は山の肉である

仙台麩で作る回鍋肉

夏山　　夕食　　3日目〜

● 材料（2人分）
回鍋肉の素 …… 1袋
山形屋商店の「仙台麩」
（油麩）…… 2本
キャベツ …… 1/8個
ピーマン …… 2個
長ねぎ …… 適量
水 …… 適量

作り方（調理時間5分）

1　仙台麩とキャベツ、ピーマン、長ねぎを
　　食べやすい大きさに切る。
　　仙台麩は水で戻しておく。

2　フライパンを熱し、
　　少量の水を入れ、野菜を炒める。

3　仙台麩を加え、
　　回鍋肉の素と混ぜながら炒める。

アドバイス　精進料理で肉の代用とされる麩。特に仙台麩（油麩）は、かみごたえとボリュームがあり、だしをよく吸ってくれるので、肉に負けない存在感に。水で戻しておいて、レトルトの回鍋肉の素で炒めれば失敗知らず。

なす、パプリカ、ピーマン。軽い野菜で作るマーボーナス

マーボーナス

夏山　　夕食　　3日目〜

● 材料（2人分）
マーボーナスの素 …… 1袋
なす …… 1本
パプリカ …… 1個
ピーマン …… 1個
油 …… 適量

作り方（調理時間5分）

1　なす、パプリカ、ピーマンは食べやすい大きさに切る。
2　フライパンに油を引き、野菜を炒める。
3　マーボーナスの素と混ぜながら炒める。

アドバイス　なす、ピーマン、パプリカなど軽くて傷みにくい食材で作れることから人気が高いマーボーナス。なすは火が通りやすいよう、できるだけ小さめにカットして、先にしっかり炒めてからピーマン、パプリカを。

グリーンカレー炒め

● 材料（2人分）
いなばの「チキンとタイカレー」缶 …… 1缶
なす …… 1/2本
パプリカ …… 1個
たまねぎ …… 1/4個

夏山　夕食　3日目〜

作り方（調理時間5分）

1　なす、パプリカ、たまねぎを
　食べやすい大きさに切り、フライパンで炒める。
　このとき「チキンとタイカレー」缶の中身も
　少し加えると油が必要ない。
2　缶詰の残りをすべて加え、
　火が通るまで炒める。

アドバイス　あまりのおいしさに話題となった、いなばの「チキンとタイカレー」。カレーとして食べてもおいしいが、野菜と炒めるとビールのつまみにも。もちろん、ごはんにも合うこと間違いなし。

汗をかきながら食べたい、さわやかな辛さ

マヨネーズで油いらずの炒め物

マヨネーズ炒め

夏山　夕食　1〜2日目

● 材料（2人分）
ベーコン …… 適量
じゃがいも …… 適量
しめじ …… 適量
マヨネーズ …… 適量
好みで乾燥ハーブ …… 適量
好みで塩、こしょう …… 適量

作り方（調理時間5分）

1　じゃがいもは
　火が通りやすいように細長く切る。
　ベーコン、しめじは食べやすい大きさに切る。

2　油代わりのマヨネーズを
　フライパンに少量入れ、
　じゃがいも、しめじ、ベーコンを炒める。
　好みで乾燥ハーブや塩・こしょうをふる。

アドバイス　油、調味料と二役こなしてくれるマヨネーズ。ミニサイズや袋に小分けされたタイプもあり便利。焦げ付きやすいので、じゃがいもなど火が通りにくい食材は細めに切っておくのが鉄則。

調味料は塩・こしょう、たっぷりのレモンのみ

牛肉のレモンあえ

夏山　　夕食　　1～2日目

● 材料（2人分）
牛薄切り肉 …… 100g
油 …… 適量
塩、こしょう …… 適量
レモン …… 1個
クレソン、パクチーなど
香りのいい葉野菜 …… 適量

作り方（調理時間5分）

1　フライパンに油を引いて牛肉を炒め、塩・こしょうをふる。
2　葉野菜と牛肉をざっとあえ、レモン汁をたっぷり絞っていただく。

アドバイス　鶏肉、豚肉、牛肉のなかで、水分量が少ないため、いちばん傷みにくいのが牛肉。保冷状態がよければ夏でも安心して食べられる食材だ。塩・こしょうでざっと炒めて、レモンを絞っただけでビールにも合うおかずに。

鶏肉のビネガー炒め

●材料（2人分）
鶏もも肉 …… 100g
キャベツ …… 1/8個
たまねぎ …… 1/4個
ミニトマト …… 6個
パウダー状の酢 …… 大さじ1
顆粒コンソメ …… 大さじ1
油 …… 適量

夏山　夕食　1〜2日目

作り方（調理時間10分）

1　鶏肉は、ぶつ切りにする。
　　キャベツ、たまねぎは薄く切る。

2　フライパンに油を引き、
　　たまねぎ、キャベツ、鶏肉、ミニトマトの順に
　　入れて炒める。

3　顆粒コンソメ、パウダー状の酢を加え、
　　ざっと炒めて味を調える。

アドバイス　バテた日にこそ酢の料理を。パウダー状の酢は、酢の物に、炒め物にと活躍してくれる。やわらかな酸味なので、ごはんにも合う。酢はしょうゆとの相性もいいので、他の料理で試してみよう。

おかず

コンソメ＋酢。ごはんが足りない鉄板レシピ

塩麹で、旨みアップと防腐対策を

豚肉の塩麹漬け

夏山　夕食　1〜2日目

● 材料（2人分）
豚ロース肉 …… 1枚
塩麹 …… 大さじ1
油 …… 適量
長ねぎなど好みの野菜 …… 適量

作り方（調理時間5分）

1 [家で]豚肉全体に塩麹をまぶし、ラップで包んでおく。
2 [山で]フライパンに油を引き、豚肉を焼く。カリッと焦げ目がつくくらいがおいしい。付け合わせに、長ねぎなど好みの野菜も一緒に焼くと、風味が移っておいしい。

アドバイス　焦げやすい塩麹は、よくこそぎ落としてから肉を焼こう。でもカリッと焦げた部分がおいしいので、フライパンにはアルミホイルを敷かずに焦げができるよう調理を。

アルミホイルで包み焼きに

タンドリーチキン

夏山　夕食　1〜2日目

●材料（2人分）
鶏もも肉 …… 100g
ヨーグルト …… 100g
タンドリーチキンスパイス
…… 大さじ4〜5
水 …… 適量

作り方（調理時間5分）

1　［家で］ぶつ切りにした鶏肉を
ファスナー付き密封袋に入れ、
ヨーグルト、タンドリーチキンスパイスを加えて、
よく揉み込む。

2　［山で］フライパンが焦げないよう、
鶏肉を漬けだれごとアルミホイルに移し、
少量の水を引いたフライパンで熱を通す。
スパイスの効いたヨーグルトは、焼いたきゅうり、
かぶとよく合うので、サラダとしても。

アドバイス　市販のタンドリーチキンスパイスにプレーンヨーグルトを混ぜて、本格的な味に。ヨーグルトの分だけ水分が多くなるので、アルミホイルで包み焼きにするのが楽。ディップとして野菜につけてもおいしい。

\材料を混ぜるだけ/

火がいらない
ビニール袋おつまみ

フライパンだけであれこれいろんな料理ができるけれど、火を通している間にビニール袋ひとつで、いろんな「あえ物」も作れる。ベースとなるあえごろもと、ざくざく刻んだ好みの野菜を袋の中で揉むだけ。調理時間わずか1分の超イージーつまみ。フライパン料理ができあがる前に、ひと足先に乾杯！

ファスナー付き密封袋は
保存袋であり
調理道具であり
器であり、ゴミ袋でもあり。
山には欠かせません―。

野菜のおいしい切り方

にんじんは細く

キャベツは手でちぎる

きゅうりは叩く

だいこんは、まあ、適当に

定番あえごろもベスト9

1

塩昆布

もはや調味料といっていいほど、昆布の旨み、塩・しょうゆのしょっぱさ、砂糖の甘みを含んだ万能あえごろも。パスタやうどんにも合う！

+ キャベツ

+ 大根

2

ゆかり(梅入り)

カリカリ梅としその酸っぱさが山ではたまらない！　梅には疲労回復の作用があり、積極的に食べたい食材。ごはんのお供にも。

+ だいこん

+ きゅうり

3

あおさ・あおのり

海藻を細かく薄く干した、あおさやあおのり。磯の風味がほんのり漂い、最初に塩で野菜を揉んでからあえると、さらに風味がアップ。

+ にんじん

+ だいこん

定番あえごろもベスト9

4

かつおぶし＆とろろ昆布

疲労回復に効果があるというかつおぶし。まぶすだけで風味が増し、栄養も増えるなんて、常に携帯したい山食材。とろろ昆布とも相性よし。

＋ だいこん

＋ にんじん

5

花山椒

ぴりりと甘辛い、風味もいい中国の花山椒。それだけだと辛みが強すぎるので、野菜を塩で揉んだのち、ごま油も加えると食べやすくなる。

＋ きゅうり

＋ キャベツ

6

ごま＆クミン

クミンのエスニックな香りに、ごまのプチプチ感。好みの野菜とあえるだけでビール、ワインに合うつまみに。塩と一緒にあえよう。

＋ キャベツ

＋ にんじん

7

干しエビ＆フライドガーリックパウダー

じわじわと旨みをほかの食材に移す干しエビ。野菜と揉んでから少し時間をおくと、エビの風味が増してさらに贅沢な味に。ガーリックと一緒に。

↓

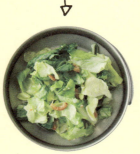

＋ キャベツ

＋ きゅうり

8

粉チーズ＆ドライトマト

ドライトマトは甘酸っぱさがぎゅっと詰まった食材兼調味料。粉チーズとの相性がよく、イタリア風のあえ物に。塩も少々加えよう。

＋ にんじん

＋ キャベツ

9

ピーナツバター＆からし

ピーナツバターのあえ物は、いうなれば超リッチなごまあえ。濃厚なので、からしを加え、すっきり食べられるように。野菜はにんじんがベスト。

↓

＋ にんじん

＋ 豆の水煮

麺・パスタ

山で出番の多い麺類は1日目なら、蒸し麺や冷凍麺でもOK。パスタは早ゆでタイプを使うか、事前に水に浸しておくと調理時間を短くできる。水は少なめにして、ゆで汁が余らないようにしよう。

鶏レモン塩ラーメン

● 材料（2人分）
塩ラーメン …… 2袋
レモン汁 …… 適量
サラダチキン …… 2袋
セロリ …… 1/2本
パクチー …… 適量
水 …… 適量

夏山　朝食　1〜2日目

作り方（調理時間10分）

1　湯をわかす。

2　サラダチキンは食べやすい大きさに切り、セロリは千切りに。パクチーは適当に手でちぎる。

3　塩ラーメンを作ってサラダチキン、セロリ、パクチーをのせ、レモン汁を好きなだけかけていただく。

アドバイス　いつもの味がエスニック風に。サラダチキンをのせるとボリュームが出て、ごちそう感がアップする。レモン汁は塩味との相性抜群。香味野菜が合うので、セロリとパクチーを白髪ねぎにしても。

定番の味で感動を巻き起こす

mt.ナポリタン

● 材料（2人分）
スパゲティ …… 200g
サラミ …… 10枚
たまねぎ …… 1/2個
ピーマン …… 1個
ケチャップ …… 適量
水 …… 700ml

夏山　夕食　3日目〜

作り方（調理時間5分）

1　サラミと薄切りにしたたまねぎを
　　軽く炒めて、水を加える。
2　沸騰したら、
　　スパゲティを入れて、ふたをする。
3　水分が飛んだら、
　　輪切りにしたピーマンとケチャップを加えて
　　よく炒める。

アドバイス　パスタはあらかじめ水に浸しておけば、調理時間を短縮できる（P20を参照）。また、水の代わりにトマトジュースを使うと、さらに濃厚な味わいに。具材は火がすぐ通るように、すべて薄めに切ろう。

喫茶店の味を山でも

麺・パスタ

塩油漬けの豚とねぎが、たまらない

塩豚ダブルねぎ焼きそば

夏山　夕食　1〜2日目

● 材料（2人分）
豚バラ肉 …… 200g
長ねぎ …… 1本
ごま油 …… 小さじ2
塩、こしょう …… 適量
焼きそば（即席麺）…… 2袋
ねぎ …… 適量
水 …… 適量

作り方（調理時間10分）

1. ［家で］ファスナー付き密封袋に豚肉、みじん切りにした長ねぎ、ごま油、塩・こしょうを入れて揉み、冷凍しておく。
2. ［山で］1を炒め、火が通ったら器に移す。
3. 焼きそばを袋の表示どおりに炒める。
4. 2を入れ、ねぎ、塩・こしょうをふる。

アドバイス　豚肉を塩と油に漬け込むことで保存性アップ。調理の手間も省ける。豚肉は糖質を効率よくエネルギーに変えるビタミンB1が豊富。ねぎはビタミンB1を助けるカリウムが多く、登山には最強の組み合わせ！

食べごたえのある味をパリパリの麺に合わせて

あんかけ焼きそば

夏山　夕食　1〜2日目

● 材料（2人分）

焼きそば（蒸し麺）……2袋
麻婆豆腐の素……1袋
高野豆腐（小さめの角切り）
　……18個
水……適量

作り方（調理時間5分）

1　焼きそばをほぐし、丸くして両面を焼く。
2　高野豆腐を水で戻す。
3　麻婆豆腐の素と高野豆腐をフライパンで温め、焼きそばにかける。

アドバイス　焼きそばを焼き付けると、ひと味違った食感になる。パリパリに焼き上げるのが簡単なのは蒸し麺。麻婆豆腐の素は、豆腐を合わせて温めるだけのものを使うと便利。

深みのあるチーズパスタ、手間いらず

ブルーチーズのパスタ

夏山　　夕食　　1～2日目

● 材料（2人分）
ショートパスタ …… 200g
ブルーチーズ …… 適量
水 …… 適量

作り方（調理時間5分）

1　少なめの水でショートパスタをゆでる。
2　水分が飛んだら、ブルーチーズを加えて絡める。

アドバイス　チーズは1食分をラップにくるみ、ファスナー付き密封袋に入れて持っていくと使いやすい。または、パッケージの端を切って絞り出せば、手を汚さずにすむ。重さが気にならない山行なら、ニョッキもおすすめ。

ぜひ、目をつぶって味わってほしい

シンプルグラタン

冬山　夕食　1〜2日目

● 材料（2人分）
早ゆでペンネ …… 200g
ブロックベーコン …… 4cm
たまねぎ …… 1/2個
豆乳 …… 400㎖
とろけるチーズ …… 4枚
塩、こしょう …… 適量

作り方（調理時間10分）

1　ブロックベーコンは適当な大きさに切り、たまねぎは薄切りにする。

2　ブロックベーコン、たまねぎを色づく程度に炒めたら、豆乳、ペンネを加える。

3　ペンネがゆであがったら、チーズを絡め、塩・こしょうで味を調える。

アドバイス　3分程度でゆで上がる早ゆでペンネを使用。豆乳とチーズのおかげで、小麦粉がなくてもトロリとしたホワイトソース風の味になる。豆乳でパスタをゆであげるイメージで、焦げ付きに注意しながら加熱していく。

海の香りでいっぱいの一皿

磯っこパスタ

 夏山　 夕食　 3日目〜

●材料（2人分）
スパゲティ …… 200g
ひじき …… 1つかみ
にんにくチップ …… 小さじ2
とうがらし …… 2本
水 …… 600mℓ
オリーブオイル …… 適量
ナンプラー …… 適量
塩、こしょう …… 適量

作り方（調理時間5分）

1　［家で］スパゲティ、ひじき、にんにくチップ、種を取ったとうがらし、水をファスナー付き密封袋に入れておく。

2　［山で］1を炒める。

3　水分が飛んだらオリーブオイル、ナンプラー、塩・こしょうを加え、味を調える。

アドバイス　パスタと同時に乾物類も戻しておくとラクなうえ、磯の香りが麺に染み込んでおいしい。ただし、にんにくが入っているぶん、汁が漏れると大惨事に！ファスナーはしっかり閉めて、不安ならもう一枚重ねよう。

すぐにできる和風パスタ

ツナと菜っ葉スタ

夏山　夕食　3日目〜

作り方（調理時間5分）

● 材料（2人分）
サラダ用スパゲティ …… 200g
ツナ（パック）…… 1袋
乾燥青菜 …… 1つかみ
しょうゆ …… 適量
水 …… 300mℓ

1　フライパンにツナ、乾燥青菜、水を入れて沸騰させる。
2　スパゲティを加え、水分が飛んだらしょうゆで味を調える。

アドバイス　ゆで時間が最も短いサラスパを使った速攻パスタ。乾燥青菜は、ほうれん草や大根菜、小松菜などがおすすめ。ツナは、缶詰よりもパックやパウチタイプを使うと持ち運びやすく、ゴミも少なくてすむ。

麺・パスタ

山形の郷土料理。つけても、かけてもおいしい

ひっぱりうどん

夏山　夕食　3日目〜

作り方（調理時間5分）

● 材料（2人分）
うどん（冷凍麺）…… 2玉
水 …… 適量
サバ水煮 …… 1缶
乾燥納豆 …… 1袋
乾燥ねぎ …… 適量
しょうゆ …… 適量

1　サバ水煮、乾燥納豆、乾燥ねぎ、しょうゆを混ぜ合わせ、つけだれを作る。
2　うどんに少量の水を加えて温め、1につけていただく。

アドバイス　山形県内陸部の寒い地域に伝わるうどんメニュー。バランスのとれた栄養食、保存の利く食材を使っており、山にも向く。サバの水煮と納豆の相性が最高。レモン汁など柑橘類を加えると、さらに箸が進む。

卵だけでつるつるクリーミー麺

とろとろ卵うどん

夏山　朝食　1〜2日目

● 材料（2人分）
卵 …… 2個（できれば4個）
うどん（冷凍麺）…… 2玉
乾燥味噌汁の具 …… 適量
昆布茶 …… 適量
水 …… 適量

作り方（調理時間7分）

1　うどん、乾燥味噌汁の具、昆布茶、水をフライパンに入れて火にかける。

2　うどんが温まったら中央に卵を割り入れてくずし、半熟状態にする。

アドバイス　おいしい半熟状態を作るのがポイント。火にかけながら卵をくずし、半熟になったら止める。卵は1玉に2個使うと、よりぜいたくでクリーミーな味わいに仕上がる。昆布茶を塩昆布にしても美味。

麺・パスタ

肉味噌の油となす、麺が絡み合う

肉味噌なすうどん

夏山　　夕食　　1〜2日目

● 材料（2人分）
うどん（冷凍麺）……2玉
ひき肉……150g
しょうが……1かけ
味噌……大さじ1
みりん……大さじ1
なす……1本
大葉……4枚
水……適量

作り方（調理時間10分）

1 ［家で］ひき肉を炒めて、
火が通ったらみじん切りにしたしょうが、
味噌、みりんを加え、水分を飛ばす。
火を止め、冷まし、ラップに包んで冷凍する。

2 ［山で］なすを3cm程度の縦切りにして焼く。
火が通ったら1を加えて
炒め合わせ、器に取る。

3 うどんに少量の水を加えて温め、
2と千切りにした大葉をかけていただく。

アドバイス　保存性を高めた肉味噌と、日持ちするなすを合わせた一品。肉味噌ひとつで味がばっちり決まるので、調味料を持っていく手間も省ける。そして、肉の脂となすがよく合う。大葉はさわやかなアクセントに。

うまみが体にじんわり染み入る

鶏だしにゅうめん

オールシーズン　朝食　1〜2日目

● 材料（2人分）
そうめん …… 2束
鶏もも肉 …… 200g
しょうが …… 1かけ
酒 …… 大さじ1
しょうゆ …… 適量
塩 …… 適量
水 …… 500㎖

作り方（調理時間15分）

1 ［家で］一口大に切った鶏肉と薄切りにしたしょうが、酒をファスナー付き密封袋に入れ、冷凍しておく。
2 ［山で］フライパンに1と水を入れ、火にかける。
3 鶏肉に火が通ったら、そうめんを入れる。
4 しょうゆと塩で味付けする。

アドバイス　水から煮ることで鶏肉のうまみがどんどん出てきて、だしいらず！　にゅうめんは、食欲のない朝でも食べやすい。鶏肉を凍らせて持っていき、翌朝に食べるのがおすすめ。

タイの焼きそばを、おなじみの味に

和風パッタイ

夏山　　夕食　　1〜2日目

● 材料（2人分）
ビーフン …… 2束
にら …… 1束
さつまあげ …… 4枚
桜エビ …… 適量
しょうゆ …… 適量
水 …… 適量

作り方（調理時間15分）

1　ビーフンを水に浸して戻す。
2　にらとさつまあげは3cm程度に切る。
3　2を軽く炒めてから、ビーフンを炒め合わせる。
4　しょうゆで味をつけ、桜エビを散らす。

アドバイス　ビーフンは、折らなくてもフライパンに収まるサイズで、水で戻せば使えるタイプが便利。にらとさつまあげはあまり日持ちしないので、1日目の夕食にガッツリどうぞ。

タイとベトナムの味が出会った！

グリーンカレーのフォー

夏山　夕食　1〜2日目

● 材料（2人分）
フォー …… 2束
なす …… 1本
たけのこ水煮 …… 適量
鶏肉 …… 100g
グリーンカレーの素 …… 2皿分
スキムミルク …… 大さじ4
水 …… 600㎖

作り方（調理時間15分）

1　フォーを水に浸して戻す。
2　鶏肉は一口大に切り、
　　なすとたけのこは薄切りにする。
3　スキムミルクを
　　100㎖程度（分量内）の水で溶かす。
4　鶏肉となすを炒め、火が通ったら、
　　たけのこ、フォー、3を入れて煮る。
5　フォーが好みの硬さになったところで
　　グリーンカレーの素を入れ、軽く煮立てる。

アドバイス　タイのカレーとベトナムの麺を合わせたメニュー。今回はセブン-イレブンで売っている、固形のグリーンカレールウを使用。牛乳が必要なので、スキムミルクか常温保存可能のパックを使う。

ヤムウンセン

夏山　朝食　3日目〜

● 材料（2人分）
春雨 …… 80g
干しエビ …… 12個
セロリ …… 1/2本
紫たまねぎ …… 1/2個
ミニトマト …… 6個
ナンプラー …… 適量
レモン汁 …… 適量
水 …… 200㎖
好みで鷹の爪 …… 適量

作り方（調理時間8分）

1　フライパンに水、春雨、干しエビを入れ、火にかける。

2　セロリの葉の部分は食べやすい大きさにちぎり、茎の部分は千切りにする。紫たまねぎは薄切りに、ミニトマトは2等分にする。

3　1の春雨がゆであがり水気がなくなったら火を止める。

4　ナンプラーとレモン汁、好みで鷹の爪をカップで混ぜ合わせ、2とよくあえる。

アドバイス　タイ料理のひとつで、ヘルシーで食べやすい春雨サラダ。春雨は、丸く小分けされている早ゆでタイプが重宝する。ナンプラーとレモン汁のだしを作る際に、鷹の爪も入れると味がより締まる。

たっぷりの生野菜と春雨で作るヘルシー麺

パン・粉もの

パンは種類豊富で、すぐ食べられるのが魅力。フライパンでひと手間かければ、さらにおいしくなる。粉ものは、具材を選べばいつでも作れる。多めに作って行動食にするのも楽しい。

オニオングラタンスープ

● 材料（2人分）
バゲット …… 4切れ
ベーコン …… 適量
たまねぎ …… 1/2個
コンソメスープの素（顆粒）…… 1袋（4.5g）
スライスチーズ …… 2枚
塩、こしょう …… 少々
水 …… 400ml

冬山　朝食　3日目〜

作り方（調理時間8分）

1　フライパンでバゲットをこんがり焼く。
2　1の間に、たまねぎを薄切りに、ベーコンを適当な大きさに切る。
3　バゲットを取り出し、2を炒める。
4　水を加え沸騰したらコンソメスープの素を入れ、塩・こしょうで味を調える。
5　チーズを溶かし、バゲットを浸す。

アドバイス　バゲットはカリカリになるまで焼くとよい。さらに本格的な味にしたければ、バターを持参し、たまねぎとバターがなめらかに乳化するまでゆっくり炒める。時間短縮させたいなら、フリーズドライのコンソメスープを使う。

食べやすいから朝ごはんにおすすめ

りんごのパンケーキ

● 材料（2人分）
パンケーキミックス …… 1袋
水 …… 180mℓ
りんご …… 1/2個
油 …… 適量

ALL　☀　3〜
オールシーズン　朝食　3日目〜

作り方（調理時間5分）

1　パンケーキミックスに水を加えて混ぜる。
2　フライパンに油を引き、
　　くし形切りにしたりんごを軽く焼き、
　　1を流し入れる。
3　表面がプツプツしてきたら
　　裏返して2分ほど焼く。

アドバイス　牛乳を使わないで作れる「パンケーキミックス」が山向き。甘さ控えめなので、ごはんとしても、おやつとしても食べられる。ひっくり返すのが大変なら、小さめに焼いても。

甘酸っぱいりんごとパンケーキが合う

パン・粉もの

お好み焼き

● 材料（2人分）
お好み焼き粉 …… 100g
乾燥野菜 …… 適量
桜エビ …… 適量
チータラ …… 適量
酢イカ …… 適量
水 …… 100㎖

オールシーズン　夕食　3日目〜

作り方（調理時間5分）

1　お好み焼き粉に水を入れて生地を作る。
2　温めたフライパンに生地を流し入れ、
　　乾燥野菜、桜エビ、チータラ、酢イカをのせる。
3　ひっくり返して、両面を色よく焼く。

アドバイス　具材がすべて乾きものなので、軽いうえに日持ちもバッチリ。山行日数を問わず作れる。厚めに焼けばガッツリと。薄めに焼くと、おつまみ感覚で食べられる。余分に焼いて、行動食にしてもいい。

何日目でも食べられる、乾きもの焼き

生地から作れば、もっちりパリパリ

山のわらじピザ

 夏山　 夕食　 3日目〜

● 材料（2人分）
ピザ生地ミックス …… 1袋
ピザソース …… 1袋
サラミ …… 6枚
とろけるチーズ …… 2枚
ピーマン …… 1個
焼き鳥の缶詰（たれ味）…… 1個
長ねぎ …… 1/4本
油 …… 適量

作り方（調理時間18分）

1 [家で]ピザ生地ミックスの表示に従って生地を作り、小分けしてラップで包む。

2 [山で]生地をそれぞれわらじ状にのばし、油を引いたフライパンで両面を軽く焼く。

3 一枚にピザソース、サラミ、輪切りにしたピーマンを、もう一枚に焼き鳥、刻んだ長ねぎをのせる。

4 3にとろけるチーズをのせ、ふたをして焼く。チーズが溶けたら食べごろ。

アドバイス　生地をあらかじめ家で練っておけば、山では焼くだけでOK。市販のピザクラストよりも、もっちりかつクリスピーな食感を楽しめる。細長くすると切り分ける手間がなく、食べやすい。行動食にしても。

甘くてふわふわのデザートがすぐできる

バニラアイスのフレンチトースト

夏山　朝食　1〜2日目

作り方（調理時間5分）

● 材料（2人分）
レーズン食パン …… 2枚
キャップ付きパウチパック入り
バニラアイス …… 1個

1　フライパンにパンを置き、溶けたバニラアイスをかけてムラなく吸わせる。
2　火にかけて、両面を色よく焼く。

パン・粉もの

アドバイス　味付けはアイス1個の、ずぼらスイーツ。パンの種類によっては一気に液を吸ってしまうので、少しずつ様子をみながらかけていく。ドライフルーツ入りのパンを使えば、食感と風味、栄養もアップする。

温泉卵で作るサクサクとろーりホットサンド

おんたマフィン

夏山　朝食　1〜2日目

● 材料（2人分）
ライ麦入りマフィン …… 2個
とろけるチーズ …… 2枚
きゅうり …… 1/2本
コンビーフ …… 1/2パック
温泉卵 …… 2個

作り方（調理時間5分）

1　フライパンにマフィンを置き、とろけるチーズ、縦の薄切りにしたきゅうり、コンビーフ、温泉卵の順にのせてはさむ。

2　手やカップで軽く押し付けながら両面を焼く。

3　流れ出た黄身が好みの硬さになったらできあがり。

アドバイス　温泉卵を使えば、絶妙なやわらかさのたまごサンドがすぐにできる。パンは、ビタミンB1を多く含むライ麦入りがおすすめ。糖質を効率よくエネルギーに変えてくれる。

厚めの生地とシューマイで食べごたえバッチリ

ナンミックスで作るおやき

夏山　夕食　3日目〜

● 材料（2人分）
ナンミックス …… 1袋
油 …… 適量
真空パックのシューマイ …… 4個
乾燥ねぎ …… 小1袋
ごま …… 適量
水 …… 適量

作り方（調理時間10分）

1 ［家で］ファスナー付き密封袋にナンミックス、油水、乾燥ねぎ、ごまを入れて練り、小分けして冷凍する。

2 ［山で］シューマイを1で包み、押しつぶして平らにする。

3 フライパンで片面2分程度ずつ焼く。

パン・粉もの

アドバイス　2日目以降なら、その日の行動開始前に生地を作っておく。シューマイは、常温で長期保存可能な真空パックのものを使うと、日数を気にしなくていい。その他好きな具でおためしを。

\包丁なしで すぐできる/

ごはんのお供に
シェラカップスープ

「今日はかなり疲れた」「ごはんが少し物足りない…」そんなとき、温かい汁物があるとうれしい。フライパン料理の合間に、シェラカップで作れる5ベース10種のスープをご紹介。200mlの水、戻りにくい乾物をカップに入れて火にかける。沸いたら、調味料と好きなだけ具を入れてできあがり。乾物などは味に深みを与え、餅や春雨はボリュームを増してくれる。味や具は、自分好みに調節できるのがいいところ。いろいろ試してみよう。

味噌

味噌
大さじ1

＋

かつおぶし
2つまみ

素味噌汁

しょうがチューブ
万能ねぎ
しょうゆ

とろろみそしる

とろろ昆布
万能ねぎ

梅

梅チューブ
3〜4cm

梅とろろ昆布

とろろ昆布
万能ねぎ

梅春雨

春雨
かつおぶし
万能ねぎ

トマト

 +

ケチャップ
大さじ1強

粉チーズ
大さじ1強

（どちらも加熱前に入れる）

高野豆腐キャベツ

高野豆腐
乾燥キャベツ

エビクスクス

クスクス
桜エビ
ごま

クリーム

 +

スキムミルク
大さじ1
（加熱前に入れる）

コンソメ
小さじ1

エビキャベツ

乾燥キャベツ
桜エビ

ホワイト味噌汁

乾燥にんじん
乾燥ごぼう
味噌
薄い餅

中華

とりがらスープの素
小さじ1

中華春雨

春雨
わかめ
ベーコン

酸っぱきのこ

乾燥きのこ
ごま
粉末酢

> ## シチュー・カレー
>
> 山の定番メニュー。具は薄く、細かくして炒めると、煮込む時間を短縮できる。レトルトの肉や魚を使えば、大きな具を楽しむことも。ルウは溶けやすい粉末(顆粒)タイプがおすすめ。

ラタトゥイユ

● 材料（2人分）
ブロックベーコン …… 4cm程度
ズッキーニ …… 1本
なす …… 1本
トマトソース …… 1袋
ハーブ（バジルなど）…… 適量
塩、こしょう …… 適量
油 …… 適量

夏山　夕食　3日目〜

作り方（調理時間18分）

1 ブロックベーコン、ズッキーニ、なすを角切りにし、
　油を引いたフライパンで、
　順に炒めて軽く火を通す。

2 1にトマトソース、ハーブ、
　塩・こしょうを加えて軽く煮る。

アドバイス　日持ちする野菜を使ったメニュー。ズッキーニやなすは、新聞紙にくるんで持っていくと傷みにくく、長持ちする。トマトソースは、トマトペーストやカットトマト（パウチのものが便利）でもOK。

野菜のうまみを楽しむ煮込み

シチュー・カレー

ベーコンと野菜チップのカレー

● 材料（2人分）
野菜チップ …… 1袋
ブロックベーコン …… 4cm
カレールウ …… 3皿分
水 …… 適量

夏山　　夕食　　3日目〜

作り方（調理時間15分）

1　野菜チップは、浸る程度の水を入れて戻す。
2　適当に切ったブロックベーコンを炒めて、
　　焼き色をつける。
3　1と水、カレールウを加え、
　　とろみがつくまで煮る。

アドバイス　野菜チップは戻すとやや大きくなり、具の大きいカレーを楽しめる。パリパリの食感が好きなら、最後にトッピングしてもいい。ベーコンは食べごたえのあるブロックタイプを使おう。

山行3日目以降でも、具材ゴロゴロ

滋味あふれる素材を使って

しょうがと豆類のドライカレー

夏山　夕食　3日目〜

● 材料（2人分）
しょうが …… 1かけ
打ち豆 …… 1つかみ
高野豆腐（細切りのもの）
…… 1つかみ
粉末カレールウ …… 適量
水 …… 適量

作り方（調理時間 18 分）

1 みじん切りにしたしょうがを軽く炒め、打ち豆と水を加えて煮立てる。
2 打ち豆がやわらかくなったら高野豆腐を加える。
3 ひたひたの水を入れて煮立て、カレールウを加える。

アドバイス　打ち豆、高野豆腐はタンパク質豊富な乾物。しょうがは具のひとつと考え、たっぷり入れる。小さめの高野豆腐はとくに、早い段階で入れると溶けてしまうので注意。打ち豆は青臭さがなくなるまでよく煮る。

カレーをすぐ食べたいならコレ

そっこうドライカレー

夏山　夕食　1〜2日目

● 材料（2人分）
ひき肉 …… 150g
にんじん …… 大1本
セロリ …… 1/2本
粉末カレールウ …… 適量
パクチー …… 適量
水 …… 適量

作り方（調理時間5分）

1　［家で］みじん切りにしたにんじんとセロリ、ひき肉を炒め、全体に火が通ったら、ファスナー付き密封袋に入れて冷凍する。

2　［山で］1に、ひたひたの水を加えて火にかける。

3　温まったらカレールウを加えてなじませ、パクチーをのせる。

シチュー・カレー

アドバイス　山では炒め合わせるだけで簡単。時間に余裕のある山行なら、［家で］の作業を山でやってもいい。火がすぐに通るように細かく刻むのがポイント。ルウは、溶けやすい粉末（顆粒）タイプを使おう。

どんな主食にも合う辛味

チリコンカン

夏山　夕食　3日目〜

作り方（調理時間10分）

1 ウインナーを輪切りにして炒める。
2 焼き色がついたらカットトマト、ミックスビーンズ、一味、塩・こしょうを加え、煮詰める。

● 材料（2人分）
ウインナー …… 4本
カットトマト（紙パック）…… 1個
ミックスビーンズ …… 1袋
一味 …… 適量
塩、こしょう …… 適量

アドバイス　米、パン、麺、どれにも合う。ミックスビーンズは常温で保存できるうえ、すぐに使えるタンパク源として重宝。カットトマトは紙パックタイプが携行しやすい。水が貴重な山行ではとくに、一味の入れすぎに注意。

甘さと塩気がクセになる

ココナッツシチュー

夏山　夕食　1〜2日目

作り方（調理時間20分）

● 材料（2人分）
ココナッツミルクパウダー
…… 1袋（水で溶かして200mℓ程度）
打ち豆 …… 1つかみ
カリフラワー …… 1/2個
ナンプラー …… 適量
こしょう …… 適量
水 …… 400mℓ

1　打ち豆を水に浸し、
　　5分ほど置いてから火にかける。
2　沸いた湯を取って
　　ココナッツミルクパウダーを溶かし、
　　フライパンに入れる。
3　カリフラワーを一口大に切って加え、
　　具に火が通ったら
　　ナンプラー、こしょうを入れる。

アドバイス　持ち運びしやすい粉末のココナッツミルクでできる、簡単なシチュー。ココナッツミルクによっては甘みの強いものがあるので、味は好みで調整を。打ち豆はよく戻すこと。

シチュー・カレー

トマトペーストとコンビーフがコクを出す

山林ライス

夏山

夕食

3日目〜

● 材料（2人分）
コンビーフ …… 1個
たまねぎ …… 1/2個
乾燥きのこ …… 1つかみ
ビーフシチューの素（顆粒）
…… 適量
トマトペースト …… 適量
水 …… 適量

作り方（調理時間15分）

1 コンビーフと薄切りにしたたまねぎを炒める。
2 たまねぎの色が変わったら乾燥きのこと水を入れ、きのこが戻るまで煮る。
3 ビーフシチューの素とトマトペーストを加えて、軽く煮詰める。

アドバイス　シチューの素は、軽くて溶けやすい粉末（顆粒）タイプを使う。そこにトマトペーストを加えることで、グッとコクが出る。コンビーフは、プラスチックカップ入りやパウチのものが軽くて便利。

具材ゴロゴロのシチュー、できました

サケの白シチュー

夏山　　夕食　　1〜2日目

作り方（調理時間18分）

● 材料（2人分）
たまねぎ …… 1/2個
スナップえんどう …… 6個
サケの切り身（パック）…… 1袋
クリームシチューの素（顆粒）
…… 適量
スキムミルク …… 大さじ2
水 …… 550㎖
油 …… 適量

1　薄切りにしたたまねぎを、
　　油で色づく程度に炒める。
2　水を350㎖加え、
　　沸騰したらスナップえんどう、
　　一口大にしたサケの切り身を入れる。
3　スキムミルクを200㎖の水で溶く。
4　スナップえんどうに火が通ったら
　　クリームシチューの素、3を入れ、
　　とろみがつくまで煮る。

アドバイス　コンビニで手に入るパックのサケで、具材がゴロリとしたシチューを作れる。スキムミルクは粉のまま熱い鍋に入れるとダマになるため、あらかじめ水で溶いておく。代わりに、紙パックの豆乳を使ってもおいしい。

シチュー・カレー

> # 鍋
>
> 山ごはんの鉄板、鍋料理。5cmほどの深さがあれば、フライパンでも十分に2人分の鍋が作れる。肉類は念のため、塩や味噌で下味をつけて冷凍を。野菜は、水分を多く含む白菜がおすすめ。

鶏肉のレモンコンソメ鍋

● 材料（2人分）

鶏もも肉 …… 100g
白菜 …… 1/4個
レモン …… 1/2個
顆粒コンソメ …… 適量
水 …… 適量
好みで各種ハーブ …… 適量

 冬山　 夕食　 1～2日目

作り方（調理時間10分）

1　フライパンを熱し、鶏肉をパリッと皮に焦げ色がつくまで焼く。取り出して食べやすい大きさに切っておく。

2　1のフライパンに、ざく切りにした白菜、水、コンソメを入れ、途中で鶏肉を戻し、火を通す。

3　スライスしたレモン、好みでハーブをのせて果汁を絞りながらいただく。

アドバイス　カリッと焼いた鶏肉。白菜と一緒に煮てもいいが、先に焼き目をつけるこのひと手間が食欲をそそる食感に。レモンは、あえて輪切りを皮ごと。疲れた体にビタミンCが染み渡る！

皮までまるごと、さわやかレモン鍋

白菜と豚肉のクミン鍋

● 材料（2人分）
白菜 …… 1/4個
豚薄切り肉 …… 10枚ほど
ホールクミン …… 大さじ1
白ワインまたは水 …… 50ml
コンソメ …… 適量
塩 …… 適量
好みで針唐辛子 …… 適量

冬山　夕食　1～2日目

作り方（調理時間10分）

1　白菜を適当な大きさに切り、
　　フライパンに敷き詰める。

2　白ワインか水、コンソメを加え、
　　ふたをして白菜に火が通るまで蒸し煮にする。
　　焦げ付くようなら水を加える。

3　白菜にだいたい火が通ったら、
　　豚肉を一枚ずつ白菜にかぶせるように並べ、
　　ホールクミンをパラパラとふり、
　　ふたをして3分ほど蒸す。

4　豚肉に火が通ったら、
　　塩、好みで針唐辛子をふっていただく。

アドバイス　白菜は水分を多く含む野菜。白菜自体から出る水分だけでも食材に火が通るので、重い水を持ち歩いたり、汁が飲みきれなかったり、ということにならない。白菜＆豚肉の組み合わせは鉄板で、ここに、にら、塩、しょうゆ、ポン酢しょうゆなど加えて和風アレンジにしても。

白菜の水分で蒸し煮に。クミンが香るエスニックな鍋

味噌漬け豚と仙台麩の豆乳鍋

●材料（2人分）
豚薄切り肉 …… 100g
しょうが …… 大さじ1
味噌（漬け込み用）…… 適量
山形屋商店の「仙台麩」
（油麩）…… 1本
しめじ …… 1パック
白菜 …… 1/4個
水 …… 適量
豆乳 …… 200ml

冬山　夕食　1〜2日目

作り方（調理時間10分）

1　[家で]味噌とみじん切りのしょうがをよく練り合わせ、豚肉を漬け込んでおく。

2　[山で]仙台麩は水で戻す。
　　しめじ、白菜は食べやすい大きさに切る。

3　フライパンにしめじ、
　　白菜、仙台麩を水ごと入れ、火をつける。
　　途中で豚肉を加え、
　　火が通ったら豆乳を入れて
　　沸騰する前に火を止める。
　　味が薄いようなら味噌を足していただく。

アドバイス　豚肉はキッチンペーパーで余計な水分を拭き取ってから下味をつけよう。これだけで傷むスピードがグッと遅くなる。仙台麩（油麩）は、軽い、腐らない、ボリュームがある、と、山の鍋には欠かせない具材。

仙台麩で、鍋にコクとボリュームを！

疲れに効く、ピリ辛梅干しだれ

湯豆腐 特製梅肉だれ

 冬山　 朝食　 1〜2日目

● 材料（2人分）
豆腐 …… 1パック
白菜 …… 1/4個
長ねぎ …… 1/2本
だいこん …… 1/4本
水 …… 適量
梅肉だれ
　梅干し …… 3個分
　はちみつ …… 適量
　コチュジャン …… 小さじ1
　ごま油 …… 大さじ1

作り方（調理時間10分）

1　[家で]梅肉だれを作る。
　梅干しをたたいてつぶし、調味料とあえる。
　甘辛くできたら成功。
2　[山で]フライパンで湯を沸かし、
　豆腐、白菜、長ねぎ、だいこんなど
　好みの具材を加える。
3　火が通ったら梅肉だれをつけて食べる。

アドバイス　特製梅肉だれは、南高梅のような甘みのある梅干しで作るのがポイント。甘さが足りないなら、はちみつを足そう。どんなに疲れていても食べやすく、食欲を引き出してくれるから、ボトルに入れて夏の山行にぜひ。

韓国の餅、トッポギは鍋の定番食材

韓国ちから鍋

冬山

夕食

3日目～

● 材料（2人分）
トック …… 1袋
キャベツ …… 1/4個
にんじん …… 1/2本
鶏のささみ …… 1パック
キムチ …… 1パック（多めがよい）
水 …… 適量

作り方（調理時間10分）

1 フライパンに水と刻んだキャベツ、
   にんじん、トッポギを入れ、火をつける。
2 火が通ったら、
   ささみ、キムチをのせ、
   混ぜながらいただく。

アドバイス　鶏のささみは調理済みのパック入りが便利。キムチ鍋に、トックを加えてさらに満足感を。トックは日本の餅と違って、火が通ってもでろーんと伸びないので、フライパンや器が汚れることなく食べられる。

ツナ缶で作るトマトマグロ鍋

- ●材料（2人分）
- ツナの水煮缶（粗め）……1缶
- トマト……1個
- 好みのきのこ……適量
- 白菜……1/4個
- ラー油……適量

冬山　夕食　3日目〜

作り方（調理時間10分）

1　フライパンに白菜、きのこを入れて蒸す。
2　途中でツナ缶、トマトのざく切りを加え、火が通ったらラー油をかけていただく。ラー油は食べるラー油でもいい。

アドバイス　ツナ缶というとフレーク状のものを思い浮かべるが、ここではマグロの水煮缶を使用。ごろっと大きな塊のまま入っている缶を選ぼう。トマトのざく切りを加え、さっぱり味に。ラー油以外にはポン酢しょうゆとも相性がいい。

ツナ缶の意外なポテンシャル発見!

モツ鍋

●材料（2人分）
モツ（味噌漬け）…… 適量
ねぎ …… 適量
キャベツ …… 適量
油 …… 適量
水 …… 適量
好みで唐辛子 …… 適量

冬山　夕食　1〜2日目

作り方（調理時間10分）

1. まずはモツを焼き肉として楽しむ。フライパンに油を引き、ねぎやモツを焼く。
2. 焼き肉に満足したら、キャベツ、水、好みで唐辛子を加えてモツ鍋に。

アドバイス　焼いて出たモツの脂を生かした、コクのあるモツ鍋。焼き肉→鍋、2段階で違った味わいが楽しめるから、時間に余裕のある山行にぜひ。モツは市販の味噌味がおすすめ。味が足りなければ、さらに味噌を。

3泊4日

フライパン縦走のススメ

フライパンひとつで縦走すると、そのポテンシャルを強く実感できる。例として「肉」「野菜」「乾物」をテーマにレシピを厳選。3泊4日の山行を組んでみた。1〜2日目は少し重くても豪華に、3日目以降は軽くて日持ちする食材のレシピを集めたので、ぜひ。

case 1

ガッツリ食べたい エブリデイお肉

タンパク質が豊富で、山ごはんを華やかにしてくれる肉。豚肉と鶏肉を味わう4日間はどうだろう。調味料に漬けて保存性を高めたり、缶詰やパックの肉を使いこなすのがポイント。毎日元気に歩けること間違いなし！

1日目 夜　→ P64
塩豚ダブルねぎ焼きそば

豚バラ肉とねぎ塩、ごま油が香り高く、ビールにぴったり。まずは初日、お疲れさまでした。プシュ！

2日目 朝　→ P73
鶏だしにゅうめん

鶏としょうがのうまみたっぷり。寝起きの体にやさしいあっさり味で、するする食べられる。

114

国土地理院発行の2万5000分ノ1地形図（槍ヶ岳・穂高岳・立山）を掲載

食材リスト

肉類 ……………	豚バラ肉、豚薄切り肉、豚ロース肉、鶏もも肉、サラダチキン、ベーコンのおつまみ缶詰
野菜類 …………	長ねぎ、万能ねぎ、セロリ、パクチー、ミニトマト、しめじ、白菜、しょうが、好みのハーブ
主食 ……………	焼きそば(即席麺)、そうめん、塩ラーメン、米
乾物 ……………	仙台麩(油麩)
調味料ほか ……	酒、塩、こしょう、しょうゆ、味噌、塩麹、ごま油、油、豆乳、レモン汁

2日目 夜 → P106
味噌漬け豚と仙台麩の豆乳鍋
肉が主役の豪華な鍋でテンションアップ。食材が重いため、2日目の夜に食べてしまおう。

3日目 夜 → P54
豚肉の塩麹漬け
塩麹の力で日持ちし、うまみが増してやわらかに。最後の夜なので、残った野菜があれば一緒に焼こう。

3日目 朝 → P60
鶏レモン塩ラーメン
レモン汁で朝からシャキッと。サラダチキンはボリュームがあるが、さっぱりしたむね肉で食べやすい。

4日目 朝 → P34
ベーコントマト炊き込みごはん
最後は隠し玉・ベーコンの高級缶詰でリッチに。サラッと食べるなら、水を増やしてリゾットにしても。

3泊4日 フライパン縦走のススメ

case 2

日持ち野菜 なすと ピーマンを 使いまわす

山では、みずみずしい食材を使ったメニューが恋しくなる。生でも軽くて日持ちする、なすとピーマンを活用しよう。なすは油と相性がいい。ピーマンは彩りと食感を生かすため、軽く火を通す程度でOK。

1日目 夜 → P75
グリーンカレーのフォー

具だくさんのカレー。あまり日持ちしない鶏肉や、重いたけのこを味わえるのは1日目ならでは。

2日目 朝 → P72
肉味噌なすうどん

なすを焼いて肉味噌と合わせ、温めたうどんにのせるだけ。大葉もかけて、さわやかに一日をスタート。

116

食材リスト

- 肉類 ………………… 鶏肉、ひき肉、ブロックベーコン、サラミ
- 野菜類 ……………… なす、ピーマン、パプリカ、ズッキーニ、たまねぎ、たけのこ水煮、しょうが、大葉
- 主食 ………………… フォー、うどん（冷凍麺）、スパゲティ、好みで米やパン
- 調味料ほか ………… いなばの「チキンとタイカレー」缶、グリーンカレーの素、マーボーナスの素、スキムミルク、味噌、みりん、トマトソース、ケチャップ、ハーブ（バジルなど）、塩、こしょう、油

2日目 夜 → P47
マーボーナス

満足度の高い、こってり味のメニュー。肉厚のパプリカでボリュームアップ。箸が止まらない！

3日目 夜 → P62
mt.ナポリタン

最後の夜はシンプルでほっとする味をどうぞ。ピーマン同様、保存が利くたまねぎとサラミを合わせて。

3日目 朝 → P92
ラタトゥイユ

同じく日持ちするズッキーニも入り、野菜をたっぷり摂れる。前日の夜に作っておけば朝はスムーズ。

4日目 朝 → P48
グリーンカレー炒め

野菜と缶詰をチャチャッと炒め合わせてできあがり。辛さでしっかり目を覚まして、最終日を楽しもう。

3泊4日 フライパン縦走のススメ

case 3

乾物を活用した身軽縦走

荷物が重くなるのも、空腹も避けたい。それなら、乾物をフル活用しよう。でも、淡白な味の乾物ばかりで満足できるの？と思うあなた。夜はこってり、朝はさっぱりした味にすれば、どんどん箸が進むのでお試しを。

1日目 夜 → P65
あんかけ焼きそば

焼きそばの蒸し麺を使えるのは初日の特権。食感よく焼き上げて、麻婆高野豆腐をトロリ。

2日目 朝 → P76
ヤムウンセン

レモンとセロリが香る、さわやかな春雨でお目覚め。すぐに作れて、パパッと食べられるのがうれしい。

食材リスト

肉・魚類 ……………	ツナ（パック）、ブロックベーコン
野菜類 ……………	キャベツ、ピーマン、長ねぎ、万能ねぎ（乾燥も可）、セロリ、紫たまねぎ、ミニトマト
主食 ………………	焼きそば（蒸し麺）、米、サラダ用スパゲティ、春雨
乾物 ………………	高野豆腐（小さめの角切り）、仙台麩（油麩）、乾燥青菜、野菜チップ、天かす、桜エビ、干しエビ
調味料ほか ………	麻婆豆腐の素、回鍋肉の素、カレールウ、しょうゆ、ポン酢しょうゆ、ナンプラー、レモン汁、好みで鷹の爪

2日目 夜　　　　　　　　　　→ P46
仙台麩で作る回鍋肉
山行後半に備え、ボリュームのある夕食を。仙台麩は軽いのに食べごたえ十分。重い生野菜はここまで。

3日目 夜　　　　　　　　　　→ P94
ベーコンと野菜チップのカレー
身軽な食材でゴロゴロした具を楽しめる。炊いたごはんは翌朝用にもとっておこう。

3日目 朝　　　　　　　　　　→ P69
ツナと菜っ葉スタ
乾物の菜っ葉と日持ちするツナのパスタ。サラダ用スパゲティはゆで時間が短く、細いので食べやすい。

4日目 朝　　　　　　　　　　→ P38
ぽんかす丼
前日に米を炊いておけば、慌ただしい朝も「材料のせたら1分でごはん」。ポン酢しょうゆですっきりと。

\\ フライパン山行の強い味方 //

使える食材カタログ

山のフライパン料理を支えるのは「軽くて日持ちする」「食べごたえがある」「ひと味変える」食材たち。乾物は栄養価が高く、積極的に使いたい。生の野菜もあるとうれしいもの。缶詰はパック食材より重いが、種類豊富でメニューの幅が広がる。調味料は、香味や酸味系が活躍する。

乾物類

高野豆腐
身軽なタンパク源。大きさや形が豊富で、使うのが楽しい。

打ち豆
下ゆでせずに使える豆。緑色のタイプを使うと、料理の色味が鮮やかに。

乾燥きのこ
だしがよく出る素材。しめじ、しいたけ、まいたけがおいしい。

乾燥野菜
根菜類、葉ものなど。緑黄色野菜なら、彩りをよくしてくれる。

ひじき
ミネラルが豊富。米や麺と一緒に調理すると手軽に食べられる。

塩昆布
塩気とうまみで、料理の味をばっちり決める。これは万能調味料！

干しエビ
小さな姿から、海のだしがじわじわ出てくる。桜エビも同様。

わかめ
水や湯戻しで何倍にもなる。汁物などのボリュームアップに。

仙台麩（油麩）
麩を揚げたもの。軽いのに食べ出とコクがあり、山の肉と呼びたい。

春雨
主食にも、副菜にも。湯を注ぐと数分で戻るタイプが使いやすい。

薄い餅
ちょい足し高カロリー食品として人気。すぐ戻るうえ、軽いのがいい。

野菜チップ
仙台麩と同じく、油分が料理にコクを与える。トッピングとしても。

野菜

なす
軽くて日持ちする野菜の代表格。油を吸ったときのうまさったら！

たまねぎ
皮付きで運べば長持ち。やや重いが、何にでも使えて手放せない。

ピーマン
3日目以降も、山の食卓を彩ってくれる。パプリカもしかり。

白菜
水分豊富。重くかさばるが、冬など水が得にくい山行では重宝する。

パックの肉・魚

サラダチキン
食べごたえあり。ハーブやレモンの味がついたものも。

焼き魚
メインにも、具にもなる。ごはんはもちろん、パンと合わせても美味。

シューマイ
長期常温保存可の真空パック入りが便利。焼いたり、鍋に入れたり。

ささみとツナ
缶でおなじみのツナも、パックなら身軽。鶏肉好きなら、ささみを。

缶詰

味つきホタテ
うまみが豊富。満足感の高い、ゴロっとしたタイプがおすすめ。

焼き鳥
鶏肉好きの長期山行を支える存在。たれと塩、どっちにする？

さば
水煮を好きな味で楽しむもよし、味噌煮を味の主役にするもよし。

おつまみ系
ちょっとリッチな缶詰。ごはんや麺の具として使うと、豪華な味に。

調味料

レモン汁
疲れた体にうれしい酸味。汁物や炒め物に、たっぷりどうぞ。

ナンプラー
独特の香りとうまみがたまらない。購入を躊躇している人こそ、ぜひ。

ゆずこしょう
少量でピリリとさわやかに。クリーム系のメニューとも相性がいい。

クミン
パラリ、で異国情緒あふれる味に。料理上手になった気分！

持ち運びと片付けのひと工夫

食材の携行は、山での手間やゴミを減らしつつ、なるべく身軽で新鮮な状態を保つのがポイント。そしてフライパンひとつで歩くなら、使用後はできるだけきれいに片付けて次の食事に備えたい。山行の日数や人数、メニューに合わせてひと工夫してみよう。

山での手間を減らす

1日目夜

1〜2日目に使う食材は切っておくのも手

山で包丁を出すのが面倒なあなた。すぐに使う材料なら、家で切って持っていってもいい。ただし風味はやや落ちるうえ、傷みやすくなることを忘れずに。

2日目朝

時間のかかるものは下ごしらえしておく

パスタを水に浸したり、材料に火を通しておいたりすると調理時間の短縮に。ガスも節約できる。発酵が必要なピザ生地なども、事前にこねておけばラク。

材料は食事1回分ごとにまとめる

「あれがない」「どこに入れたっけ」なんて事態を防ぐなら、1回の食事に使う材料をひと袋に。オモテに「1日目夜」などと書いておくと、もっと快適。

携行する

調味料は

**小さいペットボトルや
ケースに入れる**

砂糖や塩、スパイスは100円ショップなどで売っている小分けケースに詰めていくと便利。液体は小さなペットボトルに入れれば、漏らさず持ち運べる。

個装のものを使う

しょうゆや油、マヨネーズなど。個装タイプの調味料は、料理にちょっとだけ使いたいときに活躍する。そのぶんゴミは増えるけれど…。

食材は

**フライパンや
牛乳パックなどに入れる**

すぐ使う食材はフライパンに入れておくとスムーズで、スペースも余さず使える。つぶれやすい食材は、牛乳パックやペットボトルに入れて運ぶといい。

**パックや
プラカップ入りを選ぶ**

缶詰は種類が豊富で重宝するが、重く、空き缶を持ち運ぶのが残念なところ。パックやプラカップ入りがあればそちらを。軽いし、ゴミもかさばらない。

123

持ち運びと片付けのひと工夫

日持ちさせる

味噌漬け

塩麹

調味料に漬けて保存性アップ

肉や魚は水分を拭き取ってから調味料に漬けると、より長持ちする。味噌や塩麹を使えば、うまみもアップ。塩麹には肉をやわらかくする効果もある。

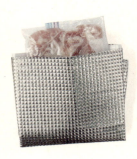

肉や魚は凍らせて保冷バッグに入れる

凍った身は、保冷材の役割も果たす。100円ショップなどにある保冷バッグに入れると、さらに安心。軽くてかさばらない薄手のものがおすすめ。

3日目以降に使う野菜は丸のまま新聞紙にくるむ

切り口から鮮度も風味も落ちていくので、できるかぎり切らずに運ぶ。新聞紙を巻くと野菜が傷つかないうえ、湿気を適度に吸って鮮度を保ってくれる。

野菜を干して持っていく

ざるや干物用の網に並べて天日干しにする。驚くほど小さく軽くなり、長期保存可能に。夏場に干すときは、虫に注意。果物や野菜の乾燥機を使っても。

片付ける

パンや
シリコンスプーンでぬぐう

スプーンや箸では取りきれないソースなども余さず味わえるうえ、フライパンがきれいになる。そして、汚れを拭いたロールペーパーなどのゴミも少なくてすむ。

湯を沸かし
お茶にして飲む

食後のコッヘルでお茶を沸かして飲むという、昔ながらの片付け法。ウッ…と思う人は、使い終わったティーバッグをスポンジ代わりにして拭くだけでも。

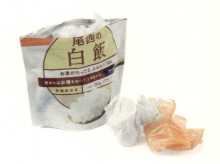

ロールペーパーなどで拭く

少量の水を入れて温め、汚れを浮かせて、またはそのまま拭く。ただし、ゴミになるのが難点。汚れはほぼ落ち、水分を取るだけなら手ぬぐいがおすすめ。

ごみは使い終わった
ファスナー付き密封袋へ

水分を漏らさず、余分な空気を抜いて持ち運べる。食べ終わったアルファ米の袋を活用するのもいい。この中にゴミが収まれば、とっても身軽な山行に。

レシピ・アイデア提供者一覧

五十音順

岩永いずみさん
いわなが・いずみ

登山歴10年ほど。ソロ山行が多いけれど、誕生日山行など仲間と楽しむときは、ひと手間加えたメニューを披露。P55のレシピは、チャパティやターメリックライス、じゃがいもガレットなどにも合うのでおすすめ。

P55 ·················· タンドリーチキン

佐川史佳さん
さがわ・ふみよし

埼玉県春日部市のボルダリングジム「ピースリー春日部」オーナー、フリーライター。著書に『ボルダリング入門』（山と溪谷社）などがある。山の夜はビール片手に、おいしいウインナーや野菜をボイルするのが定番。

P90 ·········· ごはんのお供にシェラカップスープ（一部）

眞田 修さん
さなだ・しゅう

登山歴10年。好きな山域は、中央アルプスと北アルプス雲ノ平周辺。「軽くて保存の利く食材を使うこと」「調理が簡単」「見た目より、自分の舌と腹が満足すればOK」をモットーに、山ごはんを楽しんでいる。

P69 ···················· ツナと菜っ葉スタ

鈴木寛行さん
すずき・ひろゆき

登山を始めてかれこれ40年。ソロのテント泊をメインに山行を重ねている。多少重くてもおいしいものをたくさん食べ、お酒、コーヒーを景色とともにゆっくり楽しむのが好き。山のフライパン愛用者でもある。

P120 ···················· 使える食材カタログ

田中優佳子さん
たなか・ゆかこ

RCTジャパンのプレス。アウトドアブランドPeakPerformanceの日本立ち上げを機に、セレクトショップのバイヤーからアウトドア業界へ転職してきた。遊ぶこと・食べること・器づくりが趣味。

P66 ···················· ブルーチーズのパスタ

中村 舞さん
なかむら・まい

元食品メーカー勤務。登山歴は5年ほど。仕事がきっかけで山ごはんに目覚める。鎖場、岩場が好き。今は妊娠中なので、山はおあずけ。子どもが生まれ、登れるようになったら、親子で山ごはんをしたいと思っている。

P28 ······· 紅茶で作るベビーチーズ、ソーセージの燻製

西野淑子さん
にしの・としこ

フリーライター。関東近郊を中心に、低山ハイキングから冬山登山までオールラウンドに山を楽しむ。著書に『東京近郊ゆる登山』（実業之日本社）、『ゆる山歩き』（東京新聞）など。得意の山ごはんは、カツ丼。

P75 ···················· グリーンカレーのフォー

日々野鮎美さん
ひびの・あゆみ

コミック『山と食欲と私』（信濃川日出雄／新潮社）主人公。東京都在住の会社員。27歳。単独登山女子。毎週末、美味しいものを食べに、食材を担いで山に登っています。P38のレシピは、メスティンで作るのがおすすめ。

P38 ···················· ぽんかす丼

福瀧智子さん
ふくたき・ともこ

夏山は登る、冬山は滑って下るをモットーに山とつきあうフリーライター。夏季は歯を食いしばって好きな食材を担ぎ上げ、縦走登山で宴会をするのが好み。山情報充実のアウトドアニュースサイト「Akimama」を運営中。

P39 ···················· アボカドなめたけ丼

細川妙子さん
ほそかわ・たえこ

北東北の山を中心に、花を求めて登る日々を送る。山ごはんを作るべく、泊まりで山に入ることも多い。下界ではケーキとパン作りに夢中。山では山菜を炒めて自作のパンにはさむなど、旬の食材との相性を探るのが楽しみ。

P87 ···················· バニラアイスのフレンチトースト

峯川正行さん
みねかわ・まさゆき

三峰山岳会所属、登山歴13年。古道や廃道、峠など、静かなエリアを好んで訪れている。日帰りで行ける場所でもあえてテントを持参し、山ごはんを作ってのんびり歩くのが楽しみ。レシピのレパートリーも多い。

P80 ···················· オニオングラタンスープ

矢野岳雄さん
やの・たけお

登山歴6年の会社員。週末は、関東近郊の山を中心に登山を楽しむ。少ないお小遣いと休みで行くためテント泊が多い。料理ができないので、山での食事は本やブログを参考にして絶対に失敗しないものを作る。お酒好き。

P112 ···················· モツ鍋

● 『フライパンで山ごはん』制作スタッフ

小林由理亞
こばやし・ゆりあ

フリーライター。静かな山を好んで歩いている。酒は飲めないが、酒宴は好き。市販の合わせ調味料を使わず、乾物を活用し、十分に食べごたえのあるレシピを模索している。定番の山ごはんは、豆乳鍋。

P62	mt.ナポリタン
P65	あんかけ焼きそば
P67	シンプルグラタン
P72	肉味噌なすうどん
P84	お好み焼き
P86	山のわらじピザ
P88	おんたマフィン
P89	ナンミックスで作るおやき
P96	しょうがと豆類のドライカレー
P98	チリコンカン
P99	ココナッツシチュー
P100	山林ライス
P101	サケの白シチュー

澤木央子
さわき・えいこ

カメラマン。料理写真を中心に撮影を行ない、本誌の撮影も担当。山歩きからスタートしたものの、今はすっかりクライミングに夢中。素材を絶妙に組み合わせたメニューで、同行者を虜にしている。好物はレモン。

P60	鶏レモン塩ラーメン
P73	鶏だしにゅうめん
P97	そっこうドライカレー

高橋 紡
たかはし・つむぎ

フリーランスの編集者・ライター。女性誌、書籍で料理の担当をすることが多く、ジャンクなものを使わないで、山やキャンプ料理にアレンジできないかと考えるのが好き。低山となだらかな山域での縦走好き。そして、酒好き。

P26	ホタテ缶・カキ缶卵とじ
P30	キャベツのアンチョビ炒め
P31	ベーコンプルーン巻き
P32	平べったい春巻き
P34	ベーコントマト炊き込みごはん
P36	ホタテの炊き込みごはん
P37	イワシとしょうがの炊き込みごはん
P40	サケと卵のチャーハン

P41	焼き鳥缶のチキンライス
P44	コンビーフとコーンの卵炒め
P47	マーボーナス
P48	グリーンカレー炒め
P50	マヨネーズ炒め
P51	牛肉のレモンあえ
P52	鶏肉のビネガー炒め
P54	豚肉の塩麹漬け
P71	とろとろ卵うどん
P102	鶏肉のレモンコンソメ鍋
P104	白菜と豚肉のクミン鍋
P106	味噌漬け豚と仙台麩の豆乳鍋
P108	湯豆腐 特製梅肉だれ
P109	韓国ちから鍋
P110	ツナ缶で作るトマトマグロ鍋
P56	火がいらないビニール袋おつまみ

渡辺裕子
わたなべ・ゆうこ

登山雑誌『ワンダーフォーゲル』（山と溪谷社）の編集部員。山ごはんは、仕込みの手間が少ない簡単なものを作るようにしている。学生時代にはオムライス屋でキッチンのアルバイトをしていたので、フライパンには愛着がある。

P29	パクチーフライドポテト
P33	しょうが味噌の栃尾揚げ
P42	ジャスミンティーで炊くカオマンガイ
P43	たけのこごはん
P46	仙台麩で作る回鍋肉
P64	塩豚ダブルねぎ焼きそば
P68	磯っこパスタ
P70	ひっぱりうどん
P74	和風パッタイ
P76	ヤムウンセン
P82	りんごのパンケーキ
P92	ラタトゥイユ
P94	ベーコンと野菜チップのカレー

● その他、アイデアなどを提供・協力いただいた方々

遠藤裕美さん
小川郁代さん
鞆 茂さん
伴 憲一さん
西村鮎美さん

フライパンで
山ごはん

2016年7月5日　初版第1刷発行
2018年3月30日　初版第5刷発行

発行人
川崎深雪

編者
ワンダーフォーゲル編集部
山ごはん研究会

発行所
株式会社山と渓谷社
〒101-0051
東京都千代田区
神田神保町1丁目105番地
http://www.yamakei.co.jp/

印刷・製本
大日本印刷株式会社

お問合せ先
●乱丁・落丁のお問合せ先
山と渓谷社自動応答サービス
TEL 03-6837-5018
受付時間／10:00〜12:00、13:00〜17:30
（土日、祝祭日を除く）
●内容に関するお問合せ先
山と渓谷社
TEL 03-6744-1900（代表）
●書店・取次様からのお問合せ先
山と渓谷社受注センター
TEL 03-6744-1919
FAX 03-6744-1927

●定価はカバーに表示してあります。
●落丁・乱丁本は送料小社負担でお取
り替えいたします。●本書の一部あるい
は全部を無断で転載・複写することは著
作権者および発行所権利の侵害となりま
す。あらかじめ小社までご連絡ください。

ISBN978-4-635-04349-6
Copyright ©2016
Yama-Kei Publishers Co.,Ltd.
All rights reserved.
Printed in Japan

Frying pan Recipes for Mountaineering

問い合わせ先

エバニュー／エバニュー
☎ 03-3649-3135

MSR ／モチヅキ
☎ 0256-32-0860

SOTO ／新富士バーナー
☎ 0533-75-5000

チヌーク／ビッグウイング
☎ 06-6167-3005

プリムス／イワタニ・プリムス
☎ 03-3555-5605

モンベル／モンベル
☎ 06-6536-5740

ユニフレーム／新越ワークス
☎ 03-3264-8311

スタッフ

ブックデザイン
尾崎行欧、野口なつは、粒木まり恵、森田稚恵
（oigds）

写真
澤木央子

イラストレーション
ヨシイアコ

校閲
中井しのぶ

編集・執筆
ワンダーフォーゲル編集部 山ごはん研究会
小林由理亞
髙橋 紡
渡辺裕子（山と渓谷社）